Kaltmamsell

Gebrauchslyrik 2022-2024

Bibliografische Information der Deutschen Nationalbibliothek:
Die Deutsche Nationalbibliothek verzeichnet diese Publikation
in der Deutschen Nationalbibliografie; detaillierte bibliografische
Daten sind im Internet über dnb.dnb.de abrufbar.
Herausgeberin, Gestaltung & Autorin:
Edition Dorettes – Sabine-Simmin Rahe

https://die-dorettes.de
1. Auflage 2024
© 2024 , Sabine-Simmin Rahe
Verlag: BoD • Books on Demand GmbH, In de Tarpen 42,
22848 Norderstedt
Druck: Libri Plureos GmbH, Friedensallee 273, 22763 Hamburg
ISBN: 978-3-7597-5328-1

EDITION DORETTES

Kaltmamsell

Gebrauchslyrik

2023-2024

Sabine-Simmin Rahe

Inhalt

01 | Zwischen den Elementen

Dort wo am Horizont der Himmel
das Meer sanft küßt,
rasteten wir in den Dünen.
Wir schlenderten von Ruheplatz zu Ruheplatz
und beobachteten das Glitzern auf dem Wasser.
Eine leichte Brise spielte mit unserem Haar
und die Wellen landeten rauschend an der Küste an.
Die Bäume begannen gerade erst, Ihr Laub zu entfalten
und das Mailicht Skandinaviens war süß.
Wie gerne möchte man ewig so verweilen,
aber wenn wir können,
kehren wir in diesen Frieden zurück
Mai 2023

02 | Die Taten der Potentaten

Es gehen mich die Taten der Potentaten nichts mehr an.
Sie scheren sich ja auch nicht um mich.
Ob der Bettler im Staub liegt
– es rührt sie nicht.

Ob das Kind versehrt wird
– sie beachten es nicht.
Der Lohn für unsere Fron
ist höchstens Hohn.

Sie interessiert auch nicht,
dass unter ihrer Herrschaft Rohheit
zur Gepflogenheit wird
– dass Grausamkeit aus ihrer Saat gebiert.

Und doch, wenn sie mir bedeuten,
nach ihren Vorstellungen Dienst zu tun
und niemanden zu schonen,
werde ich wissen, wie ich ihre Bosheit
außer Kraft setzen kann.
Mai 2023

03 | Ernüchterung

Welchen Glanz hatten meine Pläne
bis Kummer kam
– da verlor ich nicht nur meine Träume.

Es nützten weder Fragen,
noch schmerzerfülltes Klagen,
man liebte nur mein sonniges Gesicht.

Ich hatte hoffnungsvoll zu streben
und der dunkle Schatten,
der mich streifte,
wurde mir nicht vergeben.

Ich lernte die Engherzigkeit
der gewöhnlichen Menschen kennen
und auch die Wenigen zu schätzen,
die zu mir sich neigten,
als nur noch spärlich Licht verblieb.

Heute bin ich mir selber ein Zuhause.
Gehe täglich in mein Leben
und genieße auch die Rast,
versuche auszulöschen,
was mich so schwer verletzte
und haue durch die Alltagswerke
vom großen Klotz Brocken ab
bis sich das Neue formt
und die Erinnerung
dahinter endlich verblasst.
Mai 2023

04 | Seltsam

Der Mensch hat sich selbst
eine seltsame Welt hingestellt
in der seine Bedürfnisse nicht gelten.
Rasch, rasch wird er vorwärtsgepeitscht,
um ihm auch noch das letzte Quäntchen
Energie abzupressen.
Besonders schlimm sind diejenigen,
die sich diesen Unsinn auch noch
zueigen machen. Die „Hurra" schreien,
wenn es heißt: „Wir ziehen in den Krieg."
Die die Peitsche in die Hand nehmen
und im Interesse Weniger,
alles von ihren Mitmenschen abfordern,
die mit ihren dicken SUVs
über rote Ampeln brettern,
die mit Gewalt nehmen, was ihnen
freiwillig nicht gegeben wird,
die keine Verantwortung kennen,
die mehr Verlangen, als möglich ist.
Juni 2023

05 | Wir machen blau – heute.

Komm' wir fahren ins Blaue
und lachen uns eins.
Ein Tag für uns
bis die Fron wieder ruft.

Laß' uns das Grün erobern
und barfuß über den Rasen tanzen.
Heute wollen wir feiern,
dass wir kämpfen können

Und die Schinder hinter uns lassen.
Herr Puntila kann uns nicht kaufen
und muß seine Bowle selber saufen,
denn unseren Weg bestimmen wir selbst.
9. Juli 2023

06 | Ein schöner Abend.

Voll Kampfeslust und und selbstbewußt
genießen wir den Abend
– zerlegen im Gespräch die Taktiken der Feinde.
Wir gehen voran, weil jeder muß.

Wird's schwierig, nehmen wir die Hindernisse
als Trittsteine für eine leuchtendere Zukunft.
Beleidigungen bringen uns nicht aus dem Takt,
denn wir wissen, sie sind nur Strategien
der Einschüchterung und Ihre Sprecher
machen sich lächerlich.

Wir bleiben im Inneren ganz unbeeindruckt,
denn wir enträtseln, was als List
gegen uns eingesetzt wird
und lassen uns nicht kujonieren.
Juli 2023

07 | Duftig schwer kommt der Juli daher

In trägen Lüften wollen wir leichte Sommerstoffe geniessen.
Wir rollen uns im Schatten der Linden ein
und bringen Sträuße mit Rosenblüten heim.
Morgen müssen wir wieder unser Tagwerk verrichten,
doch Sonntags können wir vom Sommer dichten.
Noch sind die Schatten des Winters fern
Und wir lassen uns gern von lauen Abenden betör'n.
Juli 2023

08 | Ganz da

Ganz da, ganz hier, wach,
voller Kraft.
Mich berührt nicht mehr
die Ungestalt des absurden Alltags.

Ich verschwende keine Energie für
sinnlose Kämpfe
und stelle mich der Wirklichkeit.
Das Unrecht drückt mich nicht mehr nieder.
Ich nehme es zur Kenntnis
und schüttel es ab.

Wer mit uns Schritt halten will,
muß sich beeilen.
Wer sich an uns bereichern will,
dem weisen wir den Pfad.

Rafft nur.
Ihr könnt doch nichts behalten.
Am Ende werdet Ihr gefällt.
Wir aber haben den Geschmack
klaren Wassers auf unserer Zunge
und helfen dem Niedergemähten auf
Juli 2023

09 | Ausverkauf

Ab Juli wird der Sommer ausverkauft.
Das ist eben so.
Da kannste nix machen.
Das ist Kapitalismus.

Dann bringen die Boten
die Waren für die nächste Saison
die Treppe hinauf.
Das ist eben so.

Und wenn man den Boten
um den Profit bescheißt,
dann ist das halt so.
Da kann man nix machen.
Der hätt' in der Schule
lieber besser aufgepaßt.
Juli 2023

10 | Sollen wir?

Sollen wir mit unseren Peinigern
übereinkommen?
Sollen wir verzeihen?
Den hochfahrenden Großsprechern –
nie um einen Schlag verlegen.

Dürfen wir sie walten lassen
mit ihrer Gewalt –
im Blutrausch
alles niedermalmend und vernichtend.
Höhnisch und verblendet.

Sie walzen jeden Halm flach.
Was sich nicht beugt,
wird geschleift.
Des Sieges gewiss
und wissen nicht,
dass sie ohne Rüstung,
auch nur Haut, Fleisch
und Knochen sind –
bestimmt, am Ende zu fallen.
August 2023

11 | Rosenblütenblatt

Mein liebes Rosenblütenblatt –
seidig schimmerst Du
und lächelst huldvoll.
Aus Deinem ersten Hauch
wurde in den Jahren
ein tiefer Atem.
Du blühst und gedeihst,
beständig und pur –
meine Freude.
Möge ein guter Stern
Dich immer leiten
und durch Dein Licht
auch im Winter – ein feiner Schein
um Dich sein.
August 2023

12 | Mit harter Hand

Sie regieren mit harter Hand
und schicken ihre Schlägertrupps ins Land.
Das Schicksal des Einzelnen berührt sie nicht.
Für sie zählt nur der eigene Profit.

Es gibt sie – die herrschende Klasse.
Sie sichert ihre Macht.
Was der Arbeiter in zähen Kämpfen errungen hat,
wird ihm wieder genommen über Nacht.

Ob Du morgen noch Brot und Wasser auftischst,
Dein Bett unter schützenden Dächern steht,
die Besitzenden interessiert das nicht.
Ob die Jugend mehr kennt, als das Alphabet,
das bleibt nur die Sorge des Proletariats
unter dem Stiefel des mysogynen Patriachats.

Wir aber müssen zusammen vorwärts gehen.
Wir dürfen uns nicht spalten lassen
im Kampf gegen die herrschende Klasse.
Wir dürfen unseren Standpunkt
und unsere Geschichte nicht vergessen,
wenn wir die Erde neu vermessen.
Sonst bleiben wir Sklaven des Kapitals
und Geworfene unter dem Rad
des brutalen Schicksals.
August 2023

13 | Blendung

Geblendet von meinen Phantasien
lebte ich von der Wirklichkeit
durch Träume abgeschirmt
ein ausgepolstertes Retortenleben.

So gut es ging,
ersetzte ich Lebenserfahrung
durch Scripted-Reality,
doch wie bei den drei kleinen Schweinchen,
genügte ein Wind,
der mein fragiles Traumschloß zerblies.

Danach war ich eine Vertriebene
aus dem kleinbürgerlichen Paradies.
Ich hatte vergebens
um Liebe und Anerkennung gebettelt
und fand mich wieder
in einem einsamen Verlies.

Doch die Scherben brachten mir Glück
und heute blicke ich erleichtert zurück,
ich habe Macht über mich selbst gewonnen,
sind auch die falschen Hoffnungen zerronnen.
Wohin ich geh, was ich tu
und sehe ich nur der Zeit beim Vergehen zu –
ich entscheide für mich
– bin ganz und gar im eigenen Besitz.
26. August 2023

14 | Komm

Komm – wir ziehen hinaus
auf den Wellenkamm
und zum Gipfelkreuz.
Wenn wir gefällt sind,
ruhen wir für immer aus,
aber bis dahin tanzen
wir vorwärts
und ergreifen jeden Tag.
Wir rasten nur kurz
im Schatten einer kühlen Nacht
und legen beiseite die Last,
die uns am Tanzen gehindert hat.
August 2023

15 | Die Waffe der Schwachen

Die List ist die Waffe der Schwachen.
Wirst Du von Mächtigen zur Rede gestellt,
so laß Dich nicht zu unbedachtem Wort hinreissen
und antworte sparsam und klug.
Du brauchst Deinen Verstand
nicht zu beweisen.

Geblendet von seiner eigenen Befehlsgewalt
kannst Du das Ansinnen Deines Feindes,
Dich zu schädigen, unterlaufen
indem Du über Deine Pläne schweigst
und Dich nicht in Scharmützel verwickeln läßt.

Verzichte drauf, den Feind eitel
von Deinem Scharfsinn zu überzeugen.
Bringe Dich besonnen aus der Gefahr,
um dann gründlich und in Ruhe,
die nächsten Schritte zu überlegen.
August 2023

16 | Die Götter wispern leise ihr Lied

Der Himmel verschmilzt mit dem Horizont über der See
und man sagt, Göttervater Zeus wuchs hier auf.
Die Strassen winden sich in engen Kurven
entlang der Küste die Berghänge hinauf.
Die Schönheit und Dramatik der Landschaft
färbt ab auf das Samt der Besucherinnen-Seidenhaut.
Das Mittelmeer strahlt griechisch Blau.
In Buchten schaukeln sanft die Boote
und die gelb-rote Erde trägt Olivenhaine.
Nur die Pistazien beim Lidl
kommen – wie zuhaus – aus Californien.
September 2023

17 | Stufen

Viele Treppen bin ich hinaufgestiegen,
um ohne Mühen zu den Bänken
der Agora Latos hoch über der Küste zu gelangen
und an einem milden Septembermorgen
im Schatten eines Olivenbaumes
auf ihnen Platz zu nehmen.
Nur das leise Schellen der Ziegenglocken in den Hängen
unterhalb der Grundmauern der antiken Stadt
und unsere Worte durchbrachen die Stille.

Vielen πολίτες hatte ich Früchte und Speisen
mundgerecht zuzubereiten gehabt,
um an dem Abend dieses Aufstiegs,
den vollen Mond und das Gewitterleuchten
in den auf das Meer ziehenden Wolken
über den Bergen Kretas
von unserer Terrasse aus zu beobachten.

Auch wenn wir schon bald wieder dienstbar sind,
werden wir doch nicht mehr dieselben sein,
denn uns ist Gerechtigkeit widerfahren – an jener Agora.
September 2023

18 | Zukunft

Weder traurig, noch vergnügt.
Weder lustig, noch betrübt.
Vor mir – was?
Doch stehe ich nicht allein.

Ich sehe unsere Kraft.
Laßt uns die Zukunft sein.
Träumerinnen, Poetinnen,
Malocherinnen und Weltverbesserinnen.

Die Schinder verlachen wir
und kränzen unsere Häupter mit Blumen.
Wir nehmen einander die Ketten ab
und tanzen mit den Musen.

Wer gestrauchelt war,
dem helfen wir auf.
Wer gebeugt wurde,
den richten wir auf.

Wer Trauer trägt,
dem stehen wir bei,
damit auch er – eines Tages –
gestärkt und frohen Mutes sei.

Ja, WIR wollen die Zukunft sein!
Die Welt wollen wir freundlich gestalten
und alle Tyrannei zur Stadt hinaus geleiten.
Nach uns werden die Waffen schweigen,
wir werden auch Krieg und Opfertod vertreiben.

Müssen wir auch listig sein,
um unser Ziel zu erreichen,
wir werden doch auf lange Sicht
etwas Besseres als die Alltäglichkeit
von Zynismus, Härte, Dummheit
und Gnadenlosigkeit erstreiten.
Oktober 2023

19 | Sommerlaune
Dieser Oktober hat auch
spät noch Sommerlaune
und die Blätter an den Linden
vor'm Haus wollen nicht vergilben.

Was aber ist das Gift,
das Mord und Krieg
in die Welt treibt?
Es ist wohl Frustration
über die Unwirtlichkeit
in Zeiten von Ausbeutung
und Korruption.

Mitgefühl und Güte sind betäubt,
wo Unverstand die Segnungen
der Zivilisation vertreibt.
Gemeinheit, Grobheit und Bosheit
erwachsen aus Rücksichtslosigkeit
und alle Freundlichkeit liegt in Scherben.

Doch soll's das sein,
was unsere Kinder einmal erben?
Oktober 2023

19 | Auch wenn

Auch wenn Dich niemand im Besonderen liebt
– die Welt liebt Dich
und küßt sogar bei schlechtem Wetter
tröpfelnd Dein Gesicht.

Auch wenn Dich niemand wärmt,
wenn Du Dich zur Ruhe legst,
findet sich stets eine gute Decke,
die Dich umhüllt.

Geh' nur ruhig Deine Wege
und vergiß die Treuen nicht,
die Dich begleiten.
Denn Du kannst viel mehr als nur Freude
mit Ihnen teilen.

Und wenn ein Mensch mit Sorgen
vor Dir steht, sei freundlich,
wenn Du kannst.
Schenke ihm Verständnis
und ein Stück
von all dem Glanz.
Oktober 2023

20 | Bleibe ich süß?

Bleibe ich süß,
weil Du mich dann liebst?
Lächle ich fein
und schmeichel mich
in Dein Herz hinein?

Ich winde mich
und überwinde mich,
Dir zu sagen,
was mir auf der Seele liegt,
auch, wenn's Deine Vorstellungen
von mir in ideal eintrübt.

Es macht mir kein Vergnügen,
drum kommt es krumm
– doch besser ist's,
als blieb ich stumm
und Du trügst ein falsches Bild
mit Dir herum.
November 2023

Du Schöne, Überwältigende, Stolze

Deine Pracht, die Winterkälte und zitternde Bettler.
Das Lichtermeer, der mächtige Fluß und heller Stein.
Du bist wunderschön und Deine Bewohner voller Charme.
Unsere Tage sind die reine Freude.
Wie eng und klein wird uns zuhaus erscheinen.
Dezember 2023

In diesem Leben...

„In diesem Leben stehe ich vor einem schwankenden Horizont. Meine Überzeugungen sind nicht fest und sicher. Oft kann ich nicht entscheiden, was gut und richtig ist. Oder die Konsequenzen der Entscheidung zu tragen, erscheint mir zu unbequem. Allerdings ist diese Unentschiedenheit gar nicht sonderlich bequem, man kriegt das Simple einfach nicht zu fassen. Legte man sich fest, wäre alles gut sortiert. Man trüge die richtige Überzeugung, wie ein gut sitzendes Kleid und bräuchte sich um seine Rechtschaffenheit keine Gedanken zu machen. Zufrieden mit sich und mit der Welt im Reinen, könnte man sich beglückwünschen, welch' großartige Weitsicht und welche Segnung von Talent sich in einem vereinigte. Aber regelmäßig bekomme ich ihn nicht zu fassen, diesen erhabenen Standpunkt und reibe mich an einer Welt, die Unerbittlichkeit in sich trägt. Nun ja, unser aller fatales Ende – darin ist die Welt mit Sicherheit unerbittlich."
Dezember 2023

21 | Häute

Um uns Form zu geben,
streiften wir Häute über
und boten einander
konturierte Schatten.

Wir hielten still,
damit sie nicht zerbarsten.
Doch unausbleiblich kam der Tag,
den wir vermieden hatten
und es lag bloß,
dass wir in Wahrheit amorph
und rätselhaft waren
und keine Anker ineinander hatten,
obwohl wir uns das – bis dahin –
voneinander versprachen.

Enttäuscht und vorwurfsvoll
streckten wir die alten Masken
des jeweils anderen einander entgegen
und gingen fortan allein
unserer unbestimmten Zukunft entgegen.
Dezember 2023

22 | Was ist der Mensch?

Ein Bißchen Sternenstaub.
Ein Häufchen Haut und Knochen.
Ein ewig sehnsuchtsvolles Herzensklopfen.
Ein Sturm im Wasserglas.
Ein unentwegtes Hoffen.
Ein traurig, grausam, schlaues Säugetier.
Ein unverbesserlicher Narr.
Kaum dass er lebt,
ist er auch schon gestorben.
Dezember 2023

Zur Erinnerung an G. H., † 29.07.2024 in Lübeck –
eine stolze, strenge Frau mit einer Prise Humor.

Doris

24. Dezember 2023

Doris, dieser Säugling, den man nicht nähren konnte, weil es kein Milchpulver gab und der die Muttermilch nicht vertrug. – Dieses Kind, das ein Flüchtling auf dem Hof der Großeltern mütterlicherseits war. Doris, die mit 14 eine landwirtschaftliche Lehre begann, weil sie das Leben zuhaus nicht ertrug. Doris, die mit 20 eine Familie gründete und mit 21 den Vater ihrer Tochter heiratete, weil sie nun volljährig war und allein entscheiden durfte. Doris, die mit 25 alleinerziehende Mutter von zwei kleinen Kindern war. Doris, die schichten ging, um ihre Familie zu ernähren. Doris, die im Sommer am Meer Versteinerungen sammelte. Doris, die noch einmal eine Familie mit 34 gründete und Mutter ihres dritten Kindes wurde. Doris, die eine Hochbegabtenzulassung errang und Philosophie und Pädagogik studierte. Doris, die Gedichte und Aphorismen in Vokabelhefte schrieb und an ihre Kinder verschenkte. Doris, die mit 62 Jahren verstarb.
Heute wäre sie 80 geworden – meine Mutter. Ich habe Lehren aus ihrem Lebenslauf gezogen. Meine Gedichte kommen in die Nationalbibliothek.

23 | Hinter dem Schleier

Hinter dem Schleier wohnt kein sanftes Tier.
Nicht Freundlichkeit und Sanftmut
schlummern in der Brust.
Nimm nicht an, dass Duldsamkeit
die Melodie des Herzens ist.

Zorn braust auf
und verdichtet sich
zu dunklen Wolken.
Mag er herabregnen,
wie die dauernden Wetter
dieser Tage.
Dezember 2023

24 | Mißmutig

Mißmutig schlurfe ich ins Bad,
um zu kontrollieren, ob das Toilettenpapiermonster aktiv war.
Eine halbe Rolle ist noch da – morgen und übermorgen
sind Feiertage. Ich möchte dieses Problem nicht haben,
weshalb ich das Toilettenpapiermonster gebeten habe, einzu-
kaufen.

Auf meiner Lebensrolle verbleibt ein kleinerer Anteil als auf
jener im Bad.

Ich sehe einen wunderschönen Film,
den ich mit mir lieben Menschen teilen möchte,
doch es möchte niemand etwas geschenkt,
was er nicht kennt.

Meine Lebenszeit ist schon weit verronnen.

Na und?
Dann schreibe ich mir zwei, drei Zeilen
ins Poesiealbum und blätter in meinem Lebensbuch um,
denn noch ist das Wetter auf meiner Seite
und zeigt sich
ebenso schlecht gelaunt und griesgrämig,
wie ich.
Dezember 2023

25 | Weitermachen

Heute möchte ich rasten
vom Weitermachen.
– Ein Wenig, die vielen guten Stunden
im vergangenen Jahr bedenken.

Den schönen Erinnerungen
Aufmerksamkeit schenken.
Bei mir wird's eine Pyjama-Party,
wie letztes Jahr

und für's neue – sehen wir mal.

Dieses Jahr war – nach langer Trauer
und Depression – ein seidiges Fliess
voll Schönheit, trotz der Fron.
Gegen Unrecht, das mir widerfuhr,
habe ich mich durchgesetzt

und mit lieben Menschen
rosa Momente in die Tat umgesetzt.
Mir scheint, nach schier
unendlicher Wanderung im Schatten,
konnte ich für mich Glück umfassen

.

und hoffe nun, es ist nicht die Ruhe
vor'm gewalttätigen Sturm.
Ich wünsche mir, dass sich die Dinge
auch anderswo zum Guten wenden.
Die Menschheit hat keine überschüssige Kraft,
um sie in sinnloser Gewalt zu verschwenden.

Wir haben für die Jungen
einen Planeten zu hinterlassen,
auf dem sie die Schönheit
von Zivilisation, Kultur und Natur erleben
und sich in Frieden eine gemeinsame Zukunft
errichten können.

Also Ihr Lieben, dann nach dem Rasten: Weitermachen.
Dezember 2023

26 | In Nußschalen
In Nußschalen fahren wir zur See.
Sind Wellen und Wetter uns gnädig?
Haben wir Wasser unterm Kiel?
Am Tag und in der Nacht
driften wir voran
und kommen doch nie an.

Vor uns – nur unbekannte Weiten
– das trügerische Meer.
Die turmhohen Wogen,
die uns im Sturm umtosen
und spiegelglatte Fluten,
wenn Winde einmal ruhen.

Und irgendwann umfangen
uns die Tiefen und ziehen
uns hinunter auf den Grund,
bis dahin aber heißt es – hoffen,
daß uns das Fahr'n belohnt.
Januar 2024

27 | Und der Hibiskus und die Bergamotte?

Werden wir einen Weg finden?
Wer wird uns dulden?
Die Neuen unter mir, richten alles her.

Aber ich hatte einmal das große Glück,
den achtzigjährigen Klaus Wagenbach
aus seinem Leben erzählen zu hören.

Seither ist ein Jahrzehnt vergangen.
Wer kennt noch die kluge Schriftstellerin Barbara Sichter-
mann,
die mindestens ein Buch schrieb, das mir das Leben rettete?

Von der Freundschaft zu ihrem Gefährten
– Peter Brückner – berichtete der alte Herr Wagenbach.
Was wird man mir lassen? „Perfect days"? „Nomadland"?
Januar 2024

28 | Wenn der Schlamassel kommt

Wenn Du im Schlamassel steckst,
lernst Du Dinge über Menschen,
die Du gerne nicht gewußt hättest.

Wenn er aufzieht der Schlamassel,
finden sich immer welche,
die nachtreten.

Wer ins Unglück fällt
macht aggressiv.

Das Leben ist ein fragiles Konstrukt.
Daran möchte die prekäre Welt
nicht erinnert werden.
Januar 2024

Ach was? Hier geht es lang?

Vielen Dank für den Hinweis! Nein, ohne Sie hätte ich den richtigen Weg nie gefunden. Sie wissen schon – als Frau – in meinem Alter. Zugütigst, dass Sie sich die Zeit genommen haben. Was Sie nicht sagen! Ihre Reputation steht ja ausser Frage. Ich habe mich selbst schon häufig gefragt, wie ich bis an diesen Punkt gelangen konnte und trotz widriger Umstände heute leidlich gesund und munter vor Ihnen stehe. Nicht alle Zeit stand mein Leben unter einem so guten Stern, wie gerade jetzt hier mit Ihnen. Nein, damals, als ich so schreckliches Bauchweh hatte und die Ärzte sagten, man müsse darum, die Galle entfernen und die Schmerzen aber danach nicht weniger wurden. Ja, da hätte ich nicht auf diese vertrauen sollen. Aber wie konnte ich das wissen? Wie sie dann noch wochenlang ihren Betrug an mir und der Krankenversicherung vertuschen wollten und verhindert haben, dass eine richtige Diagnostik bekomme – mich die Chefärztin stattdessen anherrschte, es sei alles gut, der Eingriff, sei gut verlaufen. Nur die operierende Ärztin gab mir den Tipp, dass das Organ völlig gesund gewesen war. Man hat mich dann noch einige Zeit weggesperrt und meine Beschwerden ignoriert. Erst als ich befreit war und in einem anderen Haus Wochen später festgestellt wurde, dass ich einen Darmverschluß hatte, wurde mir geholfen. Der Schock saß tief. Ich zog mich zurück und war erstmal zu vielem nicht mehr fähig und es stand ja dann eine dritte Operation aus, den künstlichen Darmausgang zurückzuverlegen. Nein, einen Anwalt habe ich später nicht gefunden, der mir helfen wollte und mein teurer Gatte hatte binnen einen halben Jahres die Flucht ergriffen. Aber ich will sie nicht langweilen. Nur verzeihen Sie daher meine Vorbehalte, wenn mir jemand erklären will, wo es entlang geht. Ich habe die Erfahrung gemacht, dass Rat meist teuer bezahlt wird – in doppeltem Sinn. Wo mir die Ortskenntnis fehlt, erkunde ich den Weg zuvor mit neutralen Instrumenten, die einer jeden zur Verfügung stehen. Bitte verübeln Sie mir nicht meinen Starrsinn und meine Unbelehrbarkeit – ich bin ein gebranntes Kind.

Januar 2024

29 | Tritt heran

Tritt heran und decke mich zu
Panthersamtener Freund

Hülle mich in Deine träge Schwere
Warm strömt gleichmäßig der Puls
Auch der Atem fließt tief und ruhig

So – ohne ein Versprechen –
Umfängt mich Deiner Sanftheit Schutz
Und über meine Miene huscht
Ein zufriedenes Lächeln
Es ist Zeit für verheissungsvolle Träume
Februar 2024

30 | Dunkel und tödlich

Du rabenschwarze Winternacht
hast bohrend dunkel das klamme Herz erfaßt
und morgen wieder hinaus an die Schmelzen,
wenn's auch nur Schokolade
und etliche Kilo Erdbeeren
und nicht Stahl und Eisen sind.

Es ist der Wille, den Schändlichen
die Faust zu zeigen,
der die Schwerkraft überwinden läßt.
Zudem läßt sich auch die brüllende Stille
des Abends durch Geschäftigkeit
am Tag vertreiben.

War man je geliebt, gewiegt, geborgen?
Vermutlich doch, sonst ginge auch kein
Notprogramm und wenn die linden Winde
wieder wehen, werden die Gedanken
an die dunkle Kälte bis zum nächsten Mal
– wie ehedem – ganz vergessen sein.
Februar 2024

Ganz Trotz

Ganz Trotz, ganz Trotzigkeit, ganz Beweis, dass man da sein kann. Ganz Wut, ganz Zähneknirschen, dass man auch dem Widrigsten entgegentritt. Ganz Erbitterung, ganz Zorn verkannt zu sein und nun verwundet seiner Wege ziehen zu müssen. Ganz Empörung, ganz Erschütterung, dass Betrug der Lohn für all das Wohlgetane ist. Ganz Aufbegehren gegen das Urteil und die Verbannung. Ganz Abscheu, dass man entsorgt und ausgeschlossen ist. Ganz Widerstand, ganz Verachtung, dass man unerkannt geblieben ist.
Februar 2024

31 | Überwindung

Alle Tage quälst Du Dich
vor'm Morgengrauen aus den Laken,
um an der Arbeiter-Einheitsfront zu starten.
Seit einiger Zeit singen die Amseln
zum Geleit auf dem nächtlichen Weg.

Den Sonnenaufgang verpaßt Du
in der fensterlosen Küche,
doch der Markt ist hell erleuchtet,
wenn Du auf Deinem Gang
durch die Regale die Anderen begrüßt.

Für den ersten Teil der Arbeit
hast Du es eilig,
denn wenn geöffnet wird,
muß alles fertig sein.
Dann gibt es eine erste Pause
und Du schenkst Dir starken Kaffee ein.

Bis mittag dann putzt und tranchierst
Du Obst und Gemüse,
rührst Quark, machst Salat,
dann anrichten und wiegen
und in die Truhen nach vorne geben.
Zum Schluß wird gesäubert
und gewischt, damit die Küche
morgen in der Früh'
wieder blitzend sauber und hygienisch ist.

Schließlich kletterst Du die steile Treppe hinauf,
ziehst Deine Arbeitskleidung aus,
zuletzt gibst Du das Handheld ab,
schnappst Dein Fahrrad
oder gehst zu Fuß die Strasse
zwei Blocks am Hang bergauf
bis Du die Adresse Deiner Wohnung
erreicht hast.

Dort streifst Du die Schuhe ab,
hängst den Mantel auf und greifst
Dir Dein Bier – ganz ohne Promille,
dafür bitter – setzt Dich bequem
und legst die Beine hoch
und morgen dann
klingelt der Wecker
erneut zur halben Nacht.
Februar 2024

32 | Mahlstrom

fallen, gehen, fallen
gehen, fallen, gehen
fallen, gehen, fallen

gehen, fallen, gehen
fallen, gehen, fallen
gehen, fallen, gehen
fallen, gehen, fallen

gehen, fallen, gehen
fallen, gehen, fallen
gehen, fallen, gehen
fallen, gehen, fallen

gehen, fallen, gehen
fallen, gehen, fallen
gehen, fallen, gehen
fallen, gehen, fallen

encoire
Februar 2024

Warum nicht mehr?

Warum nicht mehr vom Guten? Warmherzigkeit, Generosität, Güte, Anteilnahme, Solidarität, Humor, Freundlichkeit, Langmut, Gedankenfülle? Glücklich, wer in den Genuß kam und in den Genuß kam ich vielmals. Es hat mich gebessert. Es war heilsam. Es hat die Möglichkeiten im menschlichen Handlungsspektrum aufgezeigt.
Verschwenden wir uns – es ist die beste Daseinsform und ein Ausblick auf Utopia!
Februar 2024

Gedanken

Wieder und wieder habe ich versucht, die Lücken zu finden, um in dieser Welt in der ich – wie alle anderen – für meine Existenz sorgen muß, Sinn zu schöpfen. Das war viel gewagt. Solch' hochfahrende Ansprüche werden verübelt. Lieber reißt man solch' Unkraut mit der Wurzel aus – die eigene Aggression als Leitschnur. Man hält es für eine Schwäche, wenn aus der Tätigkeit „gut-Getanes" werden soll – im Sinne des Handwerkergeistes wie Richard Sennet ihn beschrieben hat. Gefordert wird das mühelos seriell Produzierte. Die Arbeiter*innen arbeiten gegen den Maschinentakt an und hassen die, die das nicht tun. Dem Unternehmer ist die Arbeiter*in ein Kostenfaktor. Gegen diese Form der Entwertung menschlicher Arbeit, gesteigert durch die Forderung nach Flexibilität, ist nicht anzukommen. Von diesen Kämpfen, will man nicht wissen. Theoretisch wußte ich das, nun habe ich auch die Erfahrung.

Thoughts

Again and again I tried to find scopes – to make things meaningfull in this world in which I have – as everyone – to exist. This seems – had been risked a lot. Such starting ups are unpopular. The most of the time it's been tried to get rid of such weed – the own aggression as a ruler. Most of the time the opinion is, that it is a sign of weekness, when you try to do things properly like Richard Sennet described in „The Craftsman". Required are effortlessly made serial products. Workers try to fit into machinerhythm and hate everyone, who don't do so. For the entrepeneur is a worker a factor of cost. Against this devaluation of work – required total flexibility of workers the same time – it's impossible to win the fight. Mostly no one want's to know about this fights. Theoretically I had known this before, now I have the expierence too.
Februar/feburary 2024

33 | Wiegt ein Leid anderes auf ? (wehrhaft)

So wird nicht gewogen
und die, die das Leid erschaffen,
denen ist es einerseits gleichgültig,
andererseits kommt es ihnen gelegen.

Sie entfachen
einen Sturm der Entrüstung
gerichtet gegen die Opfer,
die jene entwaffnen wollen.
Moralisch wohlfeil.

Es empören sich die,
die ein Gewissen
nicht brauchen,
weil sie ein Dilemma nicht kennen.
Februar 2024

34 | Vorwärts

Nach tiefer Versehrung
schwang ich mich auf,
weil ein Jüngerer
mit seinem Beispiel
voran ging.

Ein Adler.

Auch wenn ich mich
häufig anherrschen mußte.
Es war richtig.
So geht es
vorwärts.

Arbeiten
Bearbeiten
Verarbeiten
Februar 2024

Ich will nicht

Ich will Dir nicht sagen: Du mußt. Du sollst. Du mußt selber
wissen. Für mich habe ich einige Entscheidungen gefällt und
ziehe die Konsequenzen daraus. Es sind eben andere als Deine
Entscheidungen und ich traf sie nur zur Hälfte freiwillig. Jeder
Schritt, der gelingt, ist ein Schritt, den ich trage und der mich
tragen soll. Fordere nicht ein, dass ich in Deinem Tempo
gehe. Ich bin nicht Du. Niemand sollte überhaupt noch von
mir fordern, dass ich nicht versuchen sollte, meine Pläne um-
zusetzen. Man sollte mich höchstens beglückwünschen, dass
ich Pläne habe, die ich umsetzen werde. Es wurde Zeit dafür.
Es gibt niemanden, der es für mich tut – ich muß sorgen, mit
meiner Kraft und meinem Zutrauen.
Februar 2024

Bekenntnis | Februar 2024

Mir ist die Stadt zur zweiten Natur geworden. In dieser
Wirklichkeit aus Stein und Zementputz bin ich zuhaus. Ich
entdecke schräge Vögel – zu denen ich mich selbst wohl
auch rechnen muß – grüße meine Nachbarn und genieße
meine Einsamkeit unter Millionen. Hier, in aller kostbaren
Abgeschiedenheit, habe ich die schönsten Erinnerungen zu-
sammengetragen und manche Weggefährten kennengelernt.
Von romantischer Sehnsucht ergriffen, betrachtete ich das
Bild des Mondes in einer Pfütze, das pointillistische Früh-
jahrsgrün und Herbstlaub der Strassenbäume, erklomm die
steilen Stiegen verwitterter Häuser und verschaffte mir Aus-
und Einblicke von ihren höchsten Türmen und in dunklen
Schluchten. Kathartisch geläutert durch die Teilnahmslosig-
keit der Passanten und die Härte meiner Zeitgenossen, legte
ich den überwiegenden Teil sentimentaler Anschauungen ab.
– Wenn ich auch zugeben muß, dass ein nicht unerheblicher
Rest verblieb. – In dieser historisch gewachsenen künstlichen
Welt blicke ich auf die Kunstwelt und ihre bearbeitete Natur
und möchte sie nicht missen, diese auferstehenden und zeitge-
nössischen Schatzritterinnen der Lakonie. Hier sind Fremde
zwar nicht willkommen, aber immerhin stoisch geduldet. Ich
fürchte den Tag an dem man mich zu ihren Toren hinauswirft,
weil ich ein Fossil bin, dass sich ein Bleiberecht wünscht, ohne
den geforderten monetären Sold erbringen zu können. Und
so ist die Gegenwart von der Melancholie des vorausgese-
henen Abschieds und den Befürchtungen einer weit unwirt-
licheren Zukunft getragen. Möge „Wir-bleiben-alle" der –
langfristig eher unwahrscheinliche – Erfolg beschieden sein.

54

35 | Frühjahr

Die Schatten auf den Wänden mischen sich
abwechselnd mit fahlem oder strahlendem Licht.
Das Frühjahr schleicht heran.

Vor der Zimmertür rumpelt's, raschelt's,
rappelt's und quietscht's –
noch eine Seele, die sich hier versteckt.

Hinaus müssen wir früh genug
zu jenen anderen, die kampfbereit sind
und die Stilles verdriesst.
März 2024

Milde | März 2024

Heute möchte ich sanfter und feiner sprechen. Einladender.
Allein mit mir, stelle ich mir vor, freundlich zu sein und zu
verlocken. Zum Glück muß ich es nicht beweisen, denn die
Wut kochte ja in kurzer Zeit wieder hoch. Ja, milde sein –
altersmilde? Reizen würde die Überheblichkeit dahinter
sowieso. Der Spott bliebe sichtbares Anzeichen der Abwehr.
Es würde gefallen, Klingen in Zärtlichkeit einzuweben und
ihnen die Schärfe zu nehmen. Was verbliebe noch um die
Abgründe zu überbrücken, wenn nicht freundlicher Spott.
Allerdings müßte man ein geübter Spötter sein, um nicht in
Hohn zu verfallen.
Heute möchte ich sanfter sein. Wenn Du keine Festgkeit hast,
nimm' Dich in Acht.

36 | Die beste Version

Seien wir die beste Version
unserer Selbst.
Verweigern wir nicht, was
möglich ist.

Was hindert uns
als Kleinmut?
Damit ist übrigens
nicht ignorante Selbst-
verliebtheit gemeint.

Nein, das Aufleuchten
der Utopie mögen wir sein.
Hier, jetzt, gleich.
März 2024

37 | Schäume und Meere

Blattlose, dunkle Zweige an Büschen
voll weißschäumender Knospen und Blüten.
Den Kopf in die Höhe gereckt.

Zuhaus – mir zur Freude –
das Blühen des Hibiskus
in rosé entdeckt.

Was macht's,
daß die Erinnerung
seltsam verblaßt?

Eines Tages werden
Okinawas Kirschblüten
in unsere Haare wehen

Und wir wieder leuchtenden
Amber vom Tang
am Saum des Meeres auflesen.
März 2024

38 | Lösung

Möchte lösen das Band,
das an die Dunkelheit band.
Möchte heraustreten aus dem
„Was-sollte-gewesen-sein."

Möchte ziehen mit dem Schein
der Gütigen, die zur Tür traten ein.
Möchte danken dem Wind,
der zärtlich die Trauer mit sich nimmt.

Möchte das Feuer bitten,
die Bitterkeit auszulöschen.
Will mit Märzblüten tilgen,
was das Herz soll verwinden.
März 2024

39 | An einem stillen Sonntag

An einem stillen Sonntag im März 2024
sitzen wir in einer verstaubten Stube
und lesen die – in rotes Leinen
eingeschlagenen – gesammelten Werke
eines Meisters des vergangenen Jahrhunderts.

Die Gedichte lesen sich wie Prophezeihungen
für eine dunkle Zeit, – erneut bereit.
Doch wo sind heute die klugen Arbeiter,
die keine Sklaven unter sich wollen?
Es gibt sie, doch sie werden erneut angefeindet.

Müde treten sie morgens ihre Schichten an.
Man hetzt sie aufeinander und nur, wer nicht muckt,
kann auf längere Sicht auf einen Arbeitsplatz hoffen.
Ihnen sind die Solidaritätslieder nicht mehr bekannt,
so wenig wie der notwendige Klassenkampf.

Und zeigen sie doch mal ihre Kraft,
entreißt man ihnen die Verhandlungsführerschaft.
Man verlangt, dass sie reibungslos funktionieren
und sich über ihre Lage nicht beschweren.
Was genügen soll, das ihnen von Lohn und Zeit zum Leben verbleibt,
wird von Wohllebenden mit aller Eiseskälte beurteilt.
März 2024

40 | Kreuzung

An der Kreuzung vor der Ampel
brummt eine wartende Chaise.
Passanten palavern und lachen
laut unter'm Fenster.
Das Signal springt von rot nach grün um,
die Karre fährt an.

Der Monitor leuchtet im Dunkeln.
Das nächste Auto rollt rauschend heran.
Ein Tag verflog gemütlich
vor der Öffentlichkeit verborgen.
Die geschäftigen Zeiten
ziehen allzu bald schon herauf.

Ich genieße die leeren Stunden nicht.
Sie erinnern mich
an meine Pflichten
als Autorin und Chronistin.
Ich sollte an Dialogen schreiben,
über sprechen und schweigen.

Niemand erwartet das von mir
– nur ich.
März 2024

41 | Glow

Der sanfte Schein des Märzlichts
fließt milchig zu den getrübten Fenstern
der abgeschiedenen Kammer herein.
Was könnte die Lage schönreden?

Doch mehr Licht und Blütenregen
könnten sie schamhaft bedecken,
so werde ich mich widerwillig
vom Lager erheben
und mich in die Strahlen der Sonne strecken.

März 2024

Zorn

Nichts veranlaßte sie aufzustehen, selbst wenn der März sein
fröhliches Frühlingslicht durch die trüben Fensterscheiben
ihres Schlafzimmers schicken mochte. Sie zog die Mund-
winkel herab und versuchte etwas zu denken, das ihr heraus-
helfen würde aus dem Überdruß. Schlechtgelaunt grübelte
sie über ihre Optionen in der nächsten Zeit nach. Sie würde
sich wieder verausgaben müssen. Diesmal in drei Schichten.
Und konnte noch froh sein, dass sie etwas gefunden hatte,
das mehr als den Mindestlohn brachte. Sie wußte, dass es
ihr besser gehen würde, sobald sie wieder in Bewegung war.
Was wäre auch die Alternative gewesen? Von der Hand in
den Mund zu leben und 24/7 Wortkitsch zu produzieren,
der letztlich eine Handvoll interessierte? Noch eine Lie-
besschmonzette, noch ein Frühlingseloge? Ja, verdammt
nochmal, die Krokusse streckten wieder ihre Blüten dem Blau
des Himmels entgegen, doch sie war längst in der Menopause
angelangt. Sie ging zum Tiefkühlschrank in der Küche, den
sie sich im letzten Jahr von ihrem Gehalt gekauft hatte, nahm
das Vanilleeis heraus und füllte sich eine Portion in eine kleine
Schale. Das Gerät hatte sie in erster Linie erworben, um ihre
Wollpullover vor Mottenfraß zu retten. Immerhin dies war
auch geglückt. Auch die schönen Reisen im selben Jahr hatten
zu einer vorübergehenden Zufriedenheit beigetragen. Doch
nun schien das Kommende in erster Linie Mühsal zu sein.
Daß die Kriegstrommeln immer lauter geschlagen wurden,
machte es nicht besser. Daß, wer für sein Brot sorgen mußte,
verachtet wurde und es nur unter Aufwendung aller Kräfte
vollbrachte, ebensowenig. Ja, sie mußte wohl eine schreck-

liche Idiotin sein, weil sie in ihrem Alter so schubbern mußte.
Andererseits konnte sie sich glücklich schätzen, dass ihre
Gesundheit es zuließ. Mit Zorn bemerkte sie den dumpfen
Schmerz unter ihrem Solarplexus. Sie hatte nicht vor, sich
untersuchen zu lassen. Ihre Blutwerte waren hervorragend,
noch einmal würde sie sich keinem Krankenhaus ausliefern.
Das alles war sicher nur ein Ausdruck ihrer inneren Konflikte,
ihrer Unlust, ihrem Wunsch nach sorgloser Leichtigkeit und
ihrem Widerwillen gegen die tatsächlichen Gegebenheiten.
März 2024

42 | Der Stachel

Was mir bedeutet, sagt Dir nichts.
Was bleibt uns da zu sagen?
Und es gäbe doch zu sagen.
Da ist ein Vorbehalt,
vielleicht, weil ich fordere.
Das fordert heraus.
Eine offene Flanke.
Na schön, werde künftig
auf die Deckung achten.
Zeige nicht mehr her.
Vielleicht verberge ich sogar.
Dann kann die Neugier locken.
März 2024

43 | Zellverbünde

Zusammengeschlossen – ein Verbund von Zellen,
dabei das Gesamte mehr als das Einzelne,
jedoch das Einzelne bedeutend.
Beeindruckend, wie Mikroprozesse an Zellwänden
die Komposition des Organismus steuern
und in der Gemeinschaft
zu einem Bewußtsein über sich gelangen –
den Unterschied von Innen und Außen erkennt,
dem Meer mehr als der Erde anverwandt.
Der Atem – das belebende, regenerierende Element
an der Membran. Jede Zelle ein Kraftwerk – nicht zuletzt
in Interaktion mit den Lichtteilchen.
Dass dieser Verbund entscheiden kann,
was Recht oder Unrecht ist –
vermittelt durch Fühlen und Sinne.
Mögen diese sozialen Entitäten
auch Gebrauch davon machen
und die Möglichkeiten ihres Urteilpotentials
zu gerechtem Handeln ausschöpfen.
Dann wird der Mensch zur Blüte bringen,
was in ihm angelegt ist
und die Barbarei hinter sich lassen.
März 2024

44 | Zwei Mal schon

Zwei Mal schon hat der Wecker
seinen Dienst getan
und wurde unterbrochen,
schließlich die Albträume abschütteln
und doch die Augen aufschlagen,
Kaffee brauen, Zähne putzen,
ein Blick in den Spiegel.
Frühschicht sonnabends –
eine Herausforderung.
Um sieben soll die Salatbar
geöffnet sein.
Was tut man nicht alles für die Kunst?
März 2024

45 | In die Weite

Strandbad WannseeSaß gestern nachmittag hoch
über'm Strandbad Wannsee
und blickte über das silbrige Wasser
auf geblähte Segel, Fähren und die zartgrün
gefleckten Hügel gegenüber.

Gottt erklomm das Ufer nach einiger Zeit
und wir plauderten.

Es wurde spät und als ich mich erhob
und hinter mich blickte, saß auf einer Bank
ein Mann, der Dir glich und mich ansah,
ich stutzte. Er grinste breit. Ich erschrak

Und beschloß, dass Du es nicht seist.
Was weiß ich schon noch von Dir
nach einem knappen Jahrzehnt?
Konnte das sein, dass ich Dich verkannte?

So wird es sein, wenn ich Dir einmal
gegenüberstehen werde,
ich werde zweifeln, ob Du's bist,
der mir einst nahe kam, wie niemand sonst.
31. März 2024

46 | Enttäuschungen

Wollte eine neue Welt gebären, dies gelang,
doch sie wurde in die Dürre einer Wüste gepflanzt.
Wollte ein Fundament für ein prächtiges Haus legen,
dies gelang, doch ein Lüftchen konnte es hinwegfegen.

Durchschritt Jahre gleissenden Lichts,
aber von der Fülle halten konnte ich nichts.
Richtete den Blick in die Höhe des Himmelsgewölbes,
doch übersah dabei die Fallgruben vor mir.

War und bin nicht klug –
bin nur ein flatterndes Blatt im Wind,
das seine Abenteuer, so wie sie kommen,
widerwillig hinnimmt.
April 2024

47 | Regen

Schelte den Regen nicht –
er läßt die Linden ergrünen.
Ersticke die Tränen nicht –
aus ihnen werden Erinnerungsblumen blühen.

Zürne dem Zorn nicht –
er läßt Dich Deine Kraft spüren.
Hadere mit dem Schicksal nicht –
laß Deinen Kampfesmut aufziehen.
April 2024

48 | Bald schon
Bald schon werde ich knospen
und aus meinen Knien
und Oberarmen Zweige spriessen.
An ihnen werden sich
aus aufspringenden Hüllen
hingetupfte Blätter entfalten.

Ein hellgrünes Maikleid
wird mich zieren
und der Wind in
meinem Laub rascheln.
Ameisen werden an mir hinauf-
und herabklettern.

Regen wird an mir herunterperlen
und Bienen meine Blüten umschwärmen.
Ich werde Leben spenden und bewahren.
Meine Wurzel werden in die Tiefe reichen.
Bald schon. Ich spüre es werden –
eine Buche, Linde oder Erle.
April 2024

49 | Damit – oder heroisch leben

Damit ich nicht innehalten muß,
zertrete ich die Tage
bevor sie mir lästig werden können.
Unter meinen schweren Schritten
zermalme ich Stunden und Sekunden.

Dämmert dann die Nacht herauf
reißt der Strom in die Tastatur gehämmerter Worte,
die Erinnerungen mit sich,
so dass ich von ihren Gefühlsannexen
überwiegend unbehelligt bleibe.

In den stilleren Momenten
mäste ich mich mit Nahrung,
die die Leere in mir stopft.
Schliesslich zerpflüge ich im Schlaf
meine Träume und treibe schwitzend des Nachts
die Restanflüge von Sehnsucht aus.

Jede Sentimentalität reisse ich
mit der Wurzel heraus
und herrsche mich in aller Frühe
von der Schlafstatt hoch.
Mit schwarzem, ungezuckerten Kaffee
brenne ich dann die Behaglichkeit und Süße aus.

Dann werfe ich mich zum Vermessen
und Zerschreiten des neuen Tages
auf's Fahrrad und zuvor zur Tür hinaus.
So zerschlage ich meine Zeit
und hoffe, für Gefühligkeit bleibt in ihr kein Raum,
so gelingt's und ich halte sie im Zaum.
5. April 2024

50 | Im Flur vor der Küchentür

Da im Flur vor der Küchentür –
meine Mutter hatte die
verschlossene Eingangstür
schräg links hinter sich,

blickte sie auf mich herab –
ich reichte gerade
bis zu ihrer Hüfte –
und bestätigte mir,

dass mein Vater
nie wiederkäme.
Nein, nie wieder
und umarmte mich.

Ich glaube, ich weinte nicht,
sagte aber, ich sei traurig.
Sie antwortete, Sie auch.
Ich denke, ich habe ihn dann
noch fünf bis sechsmal gesehen.

Einmal für ein paar Tage.
An deren Ende wurden
wir einzeln verhört,
wir hätten für die Mutter
in seinem Hause spioniert.

Vielleicht waren wir sechs und zehn.
Verbissen kämpfte ich später darum,
nie wieder in meinem Leben
auf eine ähnliche Weise
lieblos verlassen zu werden.

Aber gerade das tritt
dann unvermeidlich ein
und das große Schweigen –
brutal und unerbittlich.

Es gibt Verheerungen
in eines Menschen Leben,
die eine gewaltige Sprengkraft haben
und ihn für den Rest seiner Tage zeichnen.
April 2024

51 | Nicht

Ich will mich nicht mehr umwenden.
Es verging ja auch schon fast ein Jahrzehnt.
Doch vorwärts sehe ich auch keinen Weg.

Nur anderen schüttle ich die Betten auf.
Bei mir wohnt Staub.
Was in meinem Tagen noch lebendig ist

blüht rosig und genügsam.
Und in meinen Nächten wärmt
die schwere Decke
aus Wolle vom Yak.

Ich freue mich über
die Metamorphosen der Wolken
am Himmel

und den Fahrtwind, der die Locken
aus der Stirn weht.

Und die bewegten Schatten
an der Zimmerdecke.
April 2024

52 | Um ein Wort

Bat um Worte,
wie andere um
eine Brotkrume
im Bahnabteil –
eine verwundete Bitte,
die Mienen versteinert
und durch die, die nun
zur Unsichtbarkeit
verwandelte Bittende,
bös stierender, brennender
Ignoranz anheim fiel.

So blickte ich
im erleuchteten Waggon
in das Spiegelbild
in den Scheiben
der Fenster gegenüber,
um zu prüfen,
ob ich doch da sei.
Wie das Haar
um den Kopf stand
und ob die grasgrüne,
schimmernde Jacke
mich kleidete.

Dann sah ich
auf den Widerschein
meines Telefonbildschirms

und suchte
nach Morsezeichen
aus geteilten
Botschaften,
hinter den Spiegelungen.
Und so vertiefte
ich mich in das
Bitten anderer
Fremder, bis es
besonders originell
vorgetragen wurde
und ich den Daumen
zur Belohnung hob.

Dann erreichte der Zug
die Station, ich steckte
den Leuchtschirm
in die Tasche,
trat aus dem Wagen
und verliess
die Plattform.
April 2024

53 | Werte

Wollen wir wissen?
Wieviel einfacher scheint es doch zu glauben.
Über gebräuchliche, gedankliche Vorstellungen geht meist
nur hinaus,
wer aus dem Paradies der süßen Illusionen vertrieben wurde.

Überdeckt von lieblicher Anschauung
liegen die erbarmungslosen, realen Bedingungen.

Werden wir zur Negation der Negation?
April 2024

54 | Frühjahr – an die lieben Leidensgenossinnen

Ein neues Frühjahr drängt sich vielblühend auf.
Die Passanten strömen zur Tür hinaus.
Reste meiner Klasse stehen zu Demonstrationen auf,
doch dass die Produktionsmittel sozialisiert werden,
kommt dabei nicht heraus.

Ich hebe mich für Weiteres hinter
zugezogenen Vorhängen auf
und gebe meine sauer erworbenen Euro
für knackig zubereiteten Spargel aus.

Noch immer zieht am Horizont
nicht die klassenlose Gesellschaft herauf,
nur Faschisten kriechen wieder
aus den Löchern heraus.

Ich träumte in dieser Hexennacht
von meiner Mutter
und habe im Traum ein paar Tage
mit ihr verbracht.

Sie hat mir einst den Mut zur Kunst gegeben.
Mit zweiundsechzig schon,
verliess sie die Lebenskraft und
sie schied aus dem leidvollen Leben.

Hat Schopenhauer recht?
Das Leben – ein Rad aus Willen,
der zwingend Leid erzeugt
und es bleibt nur,
sich des Willens enthalten, Meditation
und ein heroisches Leben gestalten.

Dies gäbe einen Ausweg
aus der Passion
und es fügte sich zwar kein Sinn,
aber es liesse sich immerhin das Leid,
das in jeder Blüte zu erkennen ist, begreifen
Mai 2024

55 | Nachhall (Westsozialisation – unvollständig)

Die bezaubernde Jeany
Jenseits von Eden
Giganten
Die Legende von Paul und Paula

Doris Day
Sophia Loren
Cary Grant
Gregory Peck

Robert Redford
Clint Eastwood
Ingrid Bergmann
Greta Garbo

Marlene Dietrich
Marilyn Monroe
Simone Signoret
Frances McDormand

Elizabeth Taylor
Liv Ullman
Bette Davis
Joanne Crawford

Klaus Maria Brandauer
Otto Sander
Meryl Streep
Bruno Ganz

Kenneth Branagh
Emma Thompson
(Johnny Depp)
Peter Ustinov
Mai 2024

56 | Rosenblütenblatt

Mein liebes Rosenblütenblatt,
wie innig gern ich Dich hab'.
Du blühst so rosig
und entfaltest Dich lieblich.

In Dir steckt zärtliches Streben
und schenkendes Leben,
samtige Schönheit
und blühender Genuß.

Du machst mir Freude
mit Deinem frischen Duft,
blühst auch dann vollendet schön,
wenn nur die Sonne nach Dir guckt.
Mai 2024

57 | Freude

Der Winter hat mir zugesetzt.
Doch jetzt im Mailicht sehe ich –
es gibt Glück, das dauert.
Mai 2024

58 | New Dawn

Keiner Worte Silber
Löscht finsterer Taten Düsternis
Der schmelzende Schein der Rosengloriole
Haucht der erbarmunglosen Gleichgültigkeit keine Güte ein.

Die Bitternis dumm Dahergeredetens
Mag reuen, doch nie werden dadurch
Die davon zugefügten Schnitte wieder ungeschehen sein.
Keine Süßigkeit holt je die Grausamkeit des Tyrannen wieder
ein.

Und doch erstrahlt in jedem Frühjahr
die Anmut duftender Rosen im Morgenlicht
und lockt ins Leben, ob wir Narben tragen oder nicht..
Mai 2024

59 | Schattenspiele

Mehrfach rannte ich mit voller Kraft
meiner Auslöschung entgegen.
Verschwand in der Leere des teilnahmslosen Blicks
und lief eilig auf das Tor der endgültigen Aufhebung zu,
dort machte ich jedoch kehrt
und schleppte mich zum Anfang zurück.
Da trank ich von süßen und von bitteren Quellen.

An Kopf, Armen, Beinen und Rücken
beschweren mich seither Gewichte
und doch versuche ich zu tanzen.
Damit auch ich geduldet werde,
verschenke ich liebliche Bilder, Verse
und Blüten und fechte täglich mit dem Florette.
So tu ich tapfer vorerst, was ich muß
und wenn der Wille mir bleibt – dann bis zum Schluß.
Mai 2024

60 | Linden

Ein süßer Duft liegt wieder in der Luft in den
Strassen Berlins,
denn die zahlreichen Linden
beginnen zu blühen...
Mai 2024

61 | schmoren

Manche müssen nicht auf die Hölle warten –
sie schmoren täglich in Ihrem Schweiss,
wie andernorts der wöchentliche Sonntagsbraten,
wenn Sie sich mühselig an den Tiegeln plagen.

Manche sind nachmittags von der Anstrengung erschlagen
und müssen im Morgengrauen zur Arbeit starten.
Ihnen sitzen die Lasten im schmerzenden Nacken,
wenn sie zur Erleichterung des Rückens,

bäuchlings die Arme nachts über den Kopf auf die Laken
strecken. Sie schaffen Werte.
Emine, die fliessend Türkisch,
Französisch und Deutsch beherrscht,
hat zuerst Theater geputzt

und dann ihre Sprachmacht genutzt.
Danke Emine* – für Deine unvergleichlichen,
literarischen Ermutigungen.
Mai 2024
—

*Emine Sevgi Özdamar

62 | Auf mich gestellt – erwachsen

Seitdem ich auf mich selbst gestellt bin,
habe ich ein inniges Verhältnis zu meinen Pflanzen.
Seitdem wir einander fremd sind,
habe ich Bekanntschaften
mit Rosen und Linden.

Seitdem ich alleine wandere,
bin ich gerüstet.
Seitdem ich weiß, dass die Schwüre
reine Heuchelei waren,
ist Dein Ring vernichtet.

Als Du mich verraten hast,
nahmst Du die Wahrheit
unserer Zeit
mit Dir mit
und verbargst
die Last
Deiner Schuldgefühle
hinter einem himmelhohen Gebirge
aus Schweigen.
Mai 2024

Geduld

– ich habe keine mehr, doch ringe ich sie mir täglich ab. Das ist natürlich gefährlich, denn irgendwo muß die Wut ja hin und da heißt es aufpassen, dass man nicht Schwächere verletzt. Ich mildere den Zorn mit sanften Bildern und körperlicher Ertüchtigung bis zur Erschöpfung und Schmerz. Und ich weiß, damit trage ich zur ohnehin fragilen Stabilität bei, doch eine Genugtuung ist mir das nicht, obwohl ich Familie habe.
Mai 2024

63 | Sommertag im Juni

Polarluft und ein Wolkenschirm
kühlen die duft-durchströmte Strasse.
Von Krücken entwöhnen –
nicht schön,
aber notwendig.

Es ist ein Davidiade,
was wir versuchen.
Kintsugi?
Oder Dostowjewskis Idiot?
Juni 2024

64 | Wille | Anschauung

Kann ich mit Willen zwingen,
was mir leichthin nicht zufällt?
Ist der Genuß einer schönen Stunde
die Plackerei wert, die sie zusammenträgt?

Wohl schon, denn beide Erfahrungen
kann mir doch niemand mehr nehmen.
Wenn ich schwitzend und schnaufend wie ein Ochse,
den Schmutz des Tages zusammenkehre,

gehe ich doch stolz vom Platz.
Wer denkt denn, eine Poetin
schöpfe aus der Phantasie allein?
Mindestens ein funkelnder Kern
Wahrheit darf in jeder Erfindung sein.
Juni 2024

65 | Imagination

Es verlockt das Neue und Unbekannte,
wie das Vertraute tröstet.
Uns wachsen ungeahnte Kräfte
im Sturm zu.

Der Entwurf unserer selbst
als Greif ruft Imaginationen hervor,
die sein Wesentliches in uns wecken –
das ist alle Magie.

In der Imitation üben wir eine
ungewohnte Haltung,
daher tun wir auch nichts für uns allein,
wir sind Vorbilder – lernend und lehrend.
Juni 2024

66 | Einst

Einst werden wir müde sein,
dann gehen wir zur Ruh',
uns fallen unsere Augen
für immer zu.
Wir werden dann gewesen sein
und beim Erblühen, Werden und Vergehen
sieht ein anderes Publikum zu.

So ist der Lauf des Atemhauchs –
wir eilen seit der Geburt ohne Unterlaß
dem gleichen, endgültigen Ende zu.
Juni 2024

67 | Wie landen? (Jenseits von Eden)
Wie wieder aufsetzen
nach dem Gleiten
in der Abendsonne
die Spree hinunter?

Wie die Lichtflecken auflesen,
die im sommerlichen Schattengewirr
der windgewiegten Lindenkronen
auf den Polstern
des Golgathas aufblitzen?

Der Mensch bösartig und dumm.
Unbehütet und ungeliebt.
Kleinlich und neidisch.
Das wäre nicht schlimm,
wenn er's nicht guthieße
und der Güte vorzöge
Juni 2024

.

68 | Ohne Dienstpflicht etwas dürfen

Ich darf nicht schlafen MÜSSEN
in dieser kurzen Sommernacht
Anfang Juli in meiner Wohnung
in Kreuzberg am Viktoriapark.

Kann nach einem kurzen Schlaf
noch einmal aufstehen,
mir etwas Kaltes zum Trinken
aus dem Kühlschrank nehmen.

Etwas vom Kärtner Speck säbeln
und ein Butterbrot mit ihm belegen,
Dran denken, wie es damals war,
als das Herz bis zum Hals schlug.

Damals raubte ich die Nächte,
weil ich jung war und meinte
die Liebe gefunden zu haben.
Fiebrig klumpte der Magen vor Glück.

Voller Ängste etwas zu versäumen,
wollte ich alles auskosten
und einander intensiv begegnen.
Ich war jung, erwartungsfroh
und in das Leben und außerdem –
unter anderem – in meinen späteren Mann verliebt.

Begegnungen sind heute zwar nicht
unmöglich, aber eher tief freundschaftlich
und voller Freude über ein gelungenes Gespräch.
Auch junge Menschen erfreuen mich.
Juli 2024

69 | Gehüllt in warmes, leichtes Ziegenhaar

Mutwillig wurde uns so viel genommen –
die Heimkehr zu den Milanen
am Grab der Ahnen.
Der lebenskluge, väterliche Freund.

Manches wurde mir auch nie gewährt,
doch bin ich nicht mehr allzu gram,
denn auch die Kostbarkeit innigen Einverständisses
fand mich im Getümmel und lächelte mich an.

Oft bin ich des Singens müde,
wenn ich an die Verluste denke,
die mir zugemutet wurden
oder unvermeidlich waren.

So wurde ich von der jungen,
erwartungsfrohen Elevin
zur unleidlichen Walküre –
zornig, gekränkt und betrogen

mit einem federleichten,
warmen, weichen Umhang
aus Ziegenhaar,
den ich mir eroberte.
Juli 2024

70 | Aufgehalten – die kaltschnäutzigen Knallpfeifen

Welch' Tage der Hoffnung für Europa.
Ein pinkbuntes Team spielt sich in die Herzen.
In Britanien und Frankreich setzen
sich die fortschrittlichen Käfte durch.

Europa ist intelligenter als zuletzt befürchtet.
Juli 2024

71 | Welch' ein gelungener Abend

Umflossen von Freundschaft und Geist.
Genossen den berauschenden Wein
und Sommerabend.
Gekühlt die müden Füsse
in einem lebensvollen See.
Juli und Freund –
Ihr vermögt,
was ein Mensch wünscht –
das wohligste Behagen
Juli 2024

.

72 | Sommermorgen

Früh am Morgen
vorm Balkon
gurrt eine Ringeltaube
und ein paar Autos
rauschen davon.

Ein schwarzgebrühter Kaffee –
bitter und stark,
löscht den Durst
nach der vergangenen Nacht.

Die Feigen rund und gelb-grün-violett
hängen prall in des Strauchs Geäst.
Ob mein Job heute
das Personalgespräch übersteht?

Wir werden sehen,
wohin die Winde mich wehen.
Es wäre schade,
müßte ich gehen,
denn Salate herzustellen
finde ich ganz schön
Juli 2024

73 | παντὶ σθένει – mit aller Kraft

Angehen gegen die Mattigkeit
Die Unlust vertreiben
παντὶ σθένει herkuleisch –
den Augiasstall auskehren

Dem Schicksal ein Geschick abtrotzen
Den Raum durchmessen
Trotz Lilliputmaß
Heroinnengröße beweisen

Zuletzt weicht der Atem
und matt trollen wir uns,
aber bis dahin halten wir heroisch,
das Heft gegen die Schwerkraft in der Hand.
August 2024

74 | Aufschwung II

Ganz langsam und stetig
Auf das Licht zugehen,
Wohl wissend, dass am Ende doch
der Schatten liegt.

Doch Besseres
gibt es ohnehin nicht zu tun.

Und warum sich umwenden?

Wahrheit liegt ja
nur im gegenwärtigen Moment,
und vor den Messerträgern*
darf man sich nicht fürchten.
August 2024
—
*Mackie Messer – Bertolt Brecht

75 | Worte | August 2024

Im Stakkato abgefeuert
zerfetzen sie Sinn und Verstand,
vernichten auf Distanz.

Welcher Schnitt geht tiefer?
Der des tödlichen Schweigens
oder das harsche Wort der Berserkerin?

76 | Wuwei

Aktion – Reaktion?
In ruhigen Zeiten übe Dich,
dann fängst Du die fallende Teeschale
ohne zögern.
August 2024

Schopenhauers Mutter in den Mund gelegt

Ich denke: „Im Leben, wie der Kunst, haben Frauen andere
Zyklen, als das schwache Geschlecht."
August 2024

Woran erkennt man philosophisch geschulte Dichter:innen?

An ihren Sprachspielen.
August 2024

Reine Descartes

Die heutige Reine Descartes meditiert auch in aller Abge-
schiedenheit – im Licht ihres Monitors – nur sie, ihre Tas-
tatur und ihre Hoffnung, dass da auch andere denkend sind.
August 2024

77 | Erscheinungsformen

Offiziell hat der kluge Mann ein Jacket an.
Auch die kluge Frau kann mitnichten,
beim Fototermin darauf verzichten.

Der Vertreter trägt's slimfit – gern in blau.
Gepflegt tritt man in Erscheinung
und steigert das Prestige
nicht nur mit seiner Kleidung.

Zutritt zum Haus verschafft
auch die Uniform der Post.
Nur ich melde mich krank.
Mit hochgelegtem Fuß
denke ich daran,

wie gut es ist, dass ich mir das,
trotz meiner Zweifel, leisten kann.
August 2024

78 | Nach dem freien Tag

Heute Morgen klingelte
mich der Wecker
melodiös wach,
so wie mein damaliger Liebster
nach einer fast durchwachten Nacht.

Noch zu früh-später, subtropischer Stunde
feuerten die Neuronen
und haben mich
um den nötigen Schlaf gebracht.

Nachher schnibbel ich wieder Melonen
für den heutigen Bedarf –
vorgestern 150 Kilo
und das war zu knapp.

Mal sehen, was das Wetter heute
und die Kundschaft sagt.
August 2024

weitere Bücher der EDITION DORETTES

Nachwendezeit, ISBN 978-3-83700-451-9, 09|24
Lyrik für den Gebrauch, ISBN 978-3-75973-701-4, 09|24
Knallpfeifen – Die Anthologie 2024, ISBN 978-3-75977-865-9
Die Taugenichtsin – Erzählungen, ISBN 9783759723628, 05|24
Metabolie – Alltagslyrik II, ISBN 9783758329302, 02|24
Maloche – Die Anthologie 2023, ISBN 9783758304392, 11|23
Zwergenland – Lyrikanthologie, ISBN 9783756856077, 10|22
Fragmente – Prosa, ISBN 9783755733515, 02|22
Prolog – Lyrik, ISBN 9783755756330, 12|21

Spenden an „Die Dorettes" zur Unterstützung der künstlerischen Arbeit und zur Unterstützung der Finanzierung der Produktionsmittel können über die Website über den Spendenbutton überwiesen werden oder per Überweisung an

Sabine Rahe
Verwendungszweck: Spende „Die Dorettes"
Berliner Sparkasse
IBAN: DE28100500000640233694
BIC: BELADEBEXXX

Herzlichen Dank an die Förder:innen.